박혜숙 시집

화花
야

박혜숙 시집

# 화花
# 야

◎ 신아출판사

| 시인의 말 |

춘설春雪 꽃샘 추위로
뜰 앞 황매와 이제 막
꽃 몽우리를 터트린 춘백이 안쓰러운 날
연민처럼 기다리던
산까치가 물고 온 반가운 소식을 들었다.
화花 야, 시제는 문밖만 나서면
앞뜰과 뒤뜰 야산 산책로에서
덧없이 피고 지는 아름다운 꽃처럼
"자연의 일부인 우리네 인생도
한 송이 꽃과 같다."라는. 전제하에
동네 산책길에서 만났던 인동초와 질경이꽃같이
지긋한 실버들의 안부가 궁금해지던 날들이 있었다.
사람은 누구나 각자의 삶을 인고人苦의
인향人香을 꽃피우며 사는 일이라는 것을 반영하듯
화花 야는, 작자 실체의 삶이 녹아 있는
자연과 인간愛의 연민을 표현한 느긋한
여향餘響의로의 초대이다.
사회 전반적인 시니어 실버 시대의
건강한 정서의 시詩로 독자들을 초대하고

공감할 수 있는 자연의 꽃 시와 실버타임 시제詩題를
작품집 선에 비중을 두었다.
우리 모두는 삶의 주인공들입니다.
삶의 무늬를 자유자재로 채색하며
근원인 시詩의 본향도 사람 사는 세상을
그대로 품으며, 사랑하는 일이라는 것을
세 번째 화花 야, 시집을 상재하며 체감합니다.
현시대를 건너는 독자들에게 따뜻한 위로와
애틋한 공감의 정서로 다가설 수 있기를 소망해봅니다.
화花 야, 출간집을 잘 만들어 주신 신아그룹 서정환 대표님과
관계자분들께 감사드립니다.
삶의 돌파구가 필요할 때 십수 년 전
수채화 창작을 할 수 있는 길을 밝혀주신
오오근 화백님께도 깊은 감사를 드립니다.

2025년 8월

能靜 박혜숙

## 차례

시인의 말

### 제1부 화花 야

화花 야　15
화花 야 · 2　16
만년 소녀야　17
비단벌레　18
나도 수정초　19
도화桃花　21
백모란富貴花　22
가시연꽃　23
가시연꽃 · 2　24
수국 피다　25
홍단풍　27
학산에 달이 뜨면　28
달이 웃다　29
까치발 딛다　30
설아 복숭아　31
붉은 여우 꼬리　32
노송 아래 앉아　34

## 제2부 호와지다

| | |
|---|---|
| 호와지다 | 39 |
| 호와지다 · 2 | 40 |
| 봄봄봄 | 42 |
| 봄봄봄 · 2 | 43 |
| 금비꽃 | 45 |
| 달 愛 들다 · 2 | 46 |
| 여향餘響 | 47 |
| 여향餘響 · 2 | 48 |
| 여향餘響 · 3 | 49 |
| 달 愛 들다 | 50 |
| 시골길 | 51 |
| 화식조 | 53 |
| 담배 두 보루(boru) | 54 |
| 청향青香 | 55 |
| 모란 | 56 |
| 망종화 | 57 |
| 들꽃 | 59 |
| 모란 | 60 |
| 봉선화 피다 · 2 | 61 |

## 제3부 허물

낮달맞이꽃·2   65
극락조화   66
겨울 연지에서   67
흥(꼼지락)   69
엘레지꽃   71
야래 향   72
폭설   73
오수   75
첫눈·2   77
달 없는 별 밤   79
그림자   80
매화 첫 조우   82
안개비   83
단호한 이별   84
무늬   86
휴休   87

## 제4부 자유의 늪

자유의 늪   91
바람 부는 날   93
가을 사랑   95

둥글리듯 웃다 96
민들레 홀씨 98
때 99
보름달을 품다 100
돌 아이 101
여름날의 단상 103
반쪽 눈 105
흰 개 108
비늘 110
청공 112
소나무꽃 113
낙화암 고란사에서 114
선유도의 추억 116
대흥사(연리근) 118
파리 손님 120

## 제5부 말[言]의 빛과 빚

백야의 간 극 125
가을 상념 127
적념 128
별이 빛나는 밤에 129
올가미 131
겨울꽃 132

뿌리　133
위대한 의자　134
솔직한 꽃　136
낙과　137
겨울 산국　138
키　139
부모의 마음　140
둥치다　142

## 제6부 냉정

냉정　145
흑진주 몽돌　147
누출　149
금사슬꽃 피다　151
소리 · 3　152
겨울 장미　153
홍매 · 2　154
등대　155
흙 향　156
까막별 빛나다　158
실거미　160
절규 뭉크　162
가거라 잘 가거라　165

부처 걸레　167
엽전 열닷냥　169
노랑 장미　171

## 제7부 애愛고의 사유

붓꽃　175
달빛 아래서　176
부바르디아　177
천자산마루에서　178
팔색조　180
구 시장 명태 집에서　181
낭狼과 패敗　183
제우스의 달이 되다　184
적정의 불꽃 · 2　185
산하엽　187

## 제8부 실버타임

영 실버타임　191
아가　194
실버타임　197
실버타임 · 2　199

| | |
|---|---|
| 실버타임 · 3 | 201 |
| 실버타임 · 4 | 202 |
| 실버타임 · 5 | 204 |
| 실버타임 · 6 | 206 |
| 실버타임 · 7 | 208 |
| 실버타임 · 8 | 210 |
| 뭉개라 | 211 |
| 거울을 보다 | 213 |
| 헛 손짓 | 215 |
| 화花 야 · 4 | 217 |
| 가을 장미 | 218 |
| 사랑과 미움 | 220 |
| 슈퍼문 | 221 |

제1부

# 화花 야

# 화花 야

화花 야 너를 기다린다.
해맑은 미소로
세상에서 가장 깨끗하고
순정하고 맑은 미소로
봄바람 타고 오는 화花 야

화花 야가 문밖에서
수줍은 노크를 하며
문이 열리기를 기다린다.
화花 야의 진주 같은 밀어가
안과 밖의 경계에서

잠자는 본성을 톡톡 깨우며
대지의 화원에서
오색영롱한 미소로
창밖에서 기다린다.
봄꽃들의 향연이 열렸다.

# 화花 야 · 2

괜찮아,
괜찮은거야
걸어서 다닐 수 있으니
아주 괜찮은거야

괜찮아,
공기를 마시며
푸르른 하늘을 올려다보며
좋아하는 화단의 꽃도 보고

철쭉 개나리 민들레
꽃들과 꽃 마음으로
사랑하는 마음 잃지 않고
꽃처럼 웃을 수 있으니

숲에 나무와 꽃들이 같이 웃고
새들도 노래하며 반기고
따뜻한 봄볕이 감싸주고
꽃처럼 웃고 사니 괜찮은거야

# 만년 소녀야

늙으면 아 된다는
말들이 있다
잘 늙은 호박처럼
둥실둥실 넉넉한 마음으로
이 세상 어미들은
만년 소녀처럼 수줍고
호박 줄기처럼 질기고
씨앗처럼 번창하는
달콤한 사랑과 인욕으로
억새처럼 강하고
애호박 같은 새끼 사랑에
마음도 크고 넉넉하다

# 비단벌레

비취와 루비 오방색
아름다운 날개로
신라의 금관을
아름답게 장엄했다는
비단벌레가
천년 역사의 보석으로
날개를 퍼득이며 화했다.

곤충 박물관에 앉을 날개가
신라의 왕관 금동관에 앉은
비단벌레의 빛나는 육탈
눈 밝은 장인의 문화는
이천년의 역사를
인간사와 자연을 품고
비단실로 엮듯 하나로 이어지네.

# 나도 수정초

웅숭깊은 골짜기 썩은 나무 그늘에
부생물로 꽃을 피운다는
나도 수정초 투명한 꽃잎이
몇백년 노송과 노방초가 우거진
산비탈 해그림자도 들지 않는
스러져 누운 음습한 고목에
핑크빛 속살까지 하얀 꽃이
눈부시게 피어나는 여름날
맑고 푸른 꽃술로 시를 쓰네

시여, 시의 노래여.
지난 한 묵정의 위선으로
시를 노래하지는 않았느냐.
깨끗하고 맑은 나도 수정초가
부생물로 꽃을 피우기 까지
햇볕도 숨고 있었더냐,
시의 한 구절이라도
나도 수정초 되어 띄우나니

부디 꿈과 새 소망 희망으로
밝고 힘차게 깨어나라.

## 도화桃花

봄볕 맑은 날
그 언덕 나뭇가지에
진홍빛 소식 걸어놓고
기다릴 줄 알았지.

쏜살같이 달려가
복사꽃 앞에 서서
봉합한 꽃 봉투 터지는
반가운 소식을 읽었지.

아직 못다 한 이야기는
더 굳게 봉합을 하고
풋 소녀의 고백처럼
화답하는 분홍빛 도화.

## 백모란 富貴花

백지장같이 얇고 흰 꽃잎이
흘레 바람에 사뿐히 춤을 춘다
가는 길을 되돌아
화육의 고귀한 정념이
사월의 감성을 깨우는
백모란 앞에 다가서니

깨끗한 화혼의 엄숙함에
청조의 맑은 바람이
가슴에 스미는구나.
한 송이 부귀화 앞에 놓고
한 열흘 바라본다, 한들
향기 잃은 바람으로 가는 것을

# 가시연꽃

가시를 온몸에
장벽처럼 휘감고
밤에만 꽃을 피우는
가시연꽃의 신성한 순결

가시 옷을 헤집고
초록을 태운 화염 속에
백 년의 꽃으로 화한
자색의 눈부신 연화

귀하고 아름다운 꽃일수록
가시를 품고 있는 가
가시를 스스로 뽑아내고
피는 꽃이 연꽃이런가.

## 가시연꽃·2

가까이 다가설 수 없는
보랏빛 눈부신 미소
행운을 빈다는
한마디 말늘을 초록 가시 위에
바람처럼 걸어놓고
마음 한 자락 동그랗게 모두어
신성한 순결로 꽃을 피운
보랏빛 순결이여,
향기로운 무언의 엄숙함이
물의 파문이 일 듯
사바의 가시꽃으로 화하여
무주상의 아름다운 연꽃을 피운
먼 데서 가까이 핀 내 안의 꽃이여.

# 수국 피다

고봉밥을 닮은 하얀 꽃
이 세상 어미들은
자식들에게 첫마디가
밥은 먹었느냐고 묻는다
먹은 줄 알면서도 묻고
안 먹은 것 같아서 묻기도 한다
덜어낼 줄 알면서도
밥을 꾹꾹 눌러 수북이 담는다

내 어미가 그랬고
그 어미에 어미도 그랬고
어미가 된 어미도 그렇고
이세의 어미도 그렇다

수국이 탐진 꽃송이를
토 담장 옆 나뭇가지가 휘도록
하얗게 꽃이 피던 날
홀연히 떠나신 어머니의 꽃

수국을 보면 어머니 고봉밥이
아련히 생각이 난다.

# 홍단풍

블렉홀을 벗어난 바람처럼
한발 내디딜 때마다
부딪끼는 바스락 잎새
깊어가는 시월의 마지막 날
진 붉은 블라우스를 입고
단풍처럼 붉은 운동화를 신는다

단풍이 온 산하를 물들이면
원색 인파의 물결은
절정의 향연을 펼치고
붉게 물든 사람들은
나무 아래서 연서를 쓴다

우수수 떨어지는 잎새바람
레드 카펫 터널을 걸으며
오색 빛 사색에 들면
웅성한 함성은 노령산맥을 넘어
여운의 메아리로 흩어져 간다

## 학산에 달이 뜨면

초승달이면 어떠하리.
보름달이면 어떠하리.
반월이면 어떠하리.
깜깜한 밤하늘 학산 언저리에
달이 떠오르고
먼 하늘에 총총히 박힌
빛나는 별들을 세며
꿈을 잃지 않았으니
고통의 사바에
대자연은 꿈과 희망으로
어둠 속에 횃불을 밝히듯
금강같은 인욕으로 힘차게
시가詩歌의 푸른 뜰 거닐었어라.
시가詩歌에서 진정한 사랑을 배웠어라.

# 달이 웃다

달이 웃는다
내가 웃으니 달도 웃고
달이 웃으니 덩달아 웃는다

달은 본래 광명의 빛
일기에 따라
밝고 어둠으로 비추이니

마음 따라 움직이는
이 마음도 본래는
한 티끌 없이 밝았다네.

## 까치발 딛다

뭐가 그리 궁금할까,
내가 아닌 네가

내가 네가 아니고
네가 내가 아닌데

까치발 딛고
서로를 알 때까지

까치발
내려놓을 줄 모르네.

# 설아 복숭아

첫눈이 내리면
나폴나폴 눈꽃이 내리는 날
달콤한 설아복숭아 한바구니
너에게로 들고 갈까
복사꽃이 피던 날
복숭아 볼처럼 어여쁜
너를 생각한다.
첫눈이 내리는 날
향 좋은 눈꽃 복숭아
한 바구니 들고
너에게로 갈까.

## 붉은 여우 꼬리

파랑 잎줄기가 가득 차도록
늘어진 초록 잎이
화명 하나 잘못 얻은 죄로
여우꼬리라고 그냥 가네요.

가시처럼 얇은 마음
자르고 싶은 머리채처럼
긴 여운의 마력도 없는
초록속의 붉은 꽃일 뿐
야속한 풍문처럼 스치듯 가네요

가을 국화 옆에서도
눈길 하나 주지 않고
여우꼬리라고
그냥 휙 돌아서 가네요

여우꼬리 목도리를
칭칭감고 다니던 그 여인도

시퍼런 이파리가 무서운지
초록 잠 흔들고 그냥 가네요.

# 노송 아래 앉아

아름드리 소나무를
얼마나 등을 비볐으면
거친 표피가 닳아 맨들할까
왕소나무 군락지 의자에 앉아
반 줌 꺾은 노란 해국을 올려놓고
누런 솔잎 사이를 헤집고 핀
겨울 민들레를 본다

해맑은 민들레 한 송이가
노송이 우거진 고목 속에
청공처럼 웃고 있다
자연의 섭리는 제 몫을 다 할 뿐
꽃 한 송이도 거슬르지 않는다
산비탈 오색 나뭇잎 사이로
모과 하나가 거꾸로 매달려 있다

길어야 한백년인 인간의 생명
천년 수령나무들의 빈 공명

몇 생을 두고 닦으며 수행을 해야
고송의 위용을 닮을까,
나무 숨의 고요를 알까,

제2부

# 호와지다

# 호와지다

비빔밥은
잘 뒤적이며 비벼야 섞인다
고루고루 잘 섞여야
나물 장맛이 어울어지고
가마솥에 나무 주걱으로
장단맞춰 착착 비벼야
호와져서 맛있다.

## 호와지다 · 2

김장하던 날
곰삭은 황석어 밴댕이
진한 해물 육수에
고춧가루 오신채 진붉은
찹쌀죽에 치대듯 풀어
톡 쏘는 갓 미나리 향에
바다 내음 청각 향 가미하여
동네 아주머니들이 모여
채전밭에서 뽑아 온
달디단 배추 총각무우로
김장하던 동짓달
밤도 고명으로 채썰어 넣고
어머니의 장맛이 감칠맛 나던
정겨운 이웃들과 훈 훈 하던
손맛이 하나로 어울어저
호아져야 맛있다던
노란 배추속에 고루 고루
양념을 온정의 꽃처럼 발라

자식들 정성으로 보내주던
인정이 넘치던 고향 집
어머니의 김장하던 날이 그립다.

# 봄봄봄

봄내 봄봄봄 하며
사람들은 봄을 붙들고 있지
연두빛 새싹이 돋고
봄꽃들이 피고
오월의 장미가 피고 질 때
장미의 날카로운 가시에
찔리지 않을 만큼
푸른 사랑을 하는 계절
지상의 화원에
아름다운 화명을 남기고
무수히 피고 지는 꽃
어느새 봄은 갔더라.

# 봄봄봄 · 2

청춘이여
아이가 된 청춘이여
새우등으로 유모차를 끌고
매발톱 철쭉이 핀 뜰에서
기역자로 기대어 앉아
꽃을 길게 바라보던
아이가 된 청춘이여

꽃이 필 때 꽃처럼 환하게
삼삼오오 꽃을 보며
꽃 수다를 피우더니
꽃이 피고 지듯 보이지 않고
꽃 따라간 청춘이여

어르신 유치원에서
요양 병동에서
아이가 된 청춘으로
노래하고 손뼉 치고 발도 구르며
딸처럼 보좌하는 선생님 따라

등교하고 하교하며
친구들과 나란히
노랑 유치원 차 타고
노란 개나리처럼 웃는 청춘이여.

# 금비꽃

황금소나기처럼
꽃잎이 부서져 내린
금비나무 꽃진 자리
잎보다 꽃이 먼저 피는
지는 꽃도 눈부시게
환하고 아름다운가

금빛살 닮은 너에게
금빛 꽃나무 한 그루
옥토에 심어 흐러지게 핀
황금빛 꽃 한 아름 안겨주고
황금 꽃가루 소나기로 뿌려
길을 가는 길목마다 밝혀주리라

## 달 愛 들다 · 2

밤하늘에 뜨는
지구의 백열등

태양의 밝은 빛이
반사되어 빛을 발하는 달
달은 본래 빛이 없다네

밤하늘에 뜨는
지구의 촛불

흔들리듯 흔들리며
꺼지지 않는 촛불처럼
달그림자 어리네.

# 여향 餘響

산山만 한 그리움이 일 때
너는 내게 오지 않았다.
그 외로움이 산山만 하게
다 지워져 갈 때
너는 산山처럼 내게 왔다.
산山도 너도 다 마음의
한낱 그림자일 뿐
그리움도 외로움도 없었다.

## 여향餘饗 · 2

봄내 매향 도화 목련이 지고
모란과 작약 찔레꽃이 피고
흑장미가 한창이어도
꽃은 피고 지는 일인 것을
덧없는 꽃들의 아름다움과
향기를 흠향하며 걷고 있네

꽃을 담고 꽃을 다 비웠네.
수채화 색을 입히며
화영의 그림자에 덧칠을 하고
자연과 예술의 간극에서
살아 꿈틀이는 한 획을 향해
그림자 밟기 놀이를 하네.

# 여향餘饗 · 3

가는 길을 돌아가도
결국은 사랑의 근원인 것을
냉천에 꽃피우듯 길을 걸었네.
꼿꼿한 죽향 꺾이지 않는
휘어진 발길마다
인고의 가슴에 핀 사랑의 화현은
이 세상 어미들의 숭고한 사랑
무너지지 않는 높은 성이었네.
피워도 피워도 지지 않는
한 송이 인꽃人花이었네.
못내 승천하지 못할 사랑의 어원은
온 세상을 화두話頭처럼
관음觀音 어미 앞에 두 무릎 꿇고
감사와 참회의 기도를 올리네.
죄도 없는 죄인 되어
감사의 진 참회를 백팔 번 올리네.

## 달 愛 들다

둥근 보름달도
칠흙 같은 그믐 지나
달이 차오르고
하현달 상현달도
구름에 가리면
뵈이질 않는데
마음의 달은
둥근달을 이탈해 윤회하네

보름달을 품고
밝음도 어둠도
마음의 그림자인 줄 알면
광명의 등불을 밝히고
밝음에서 밝음으로
둥글게 길을 건너리라.

# 시골길


센바람에 은발이 사방으로
흔들리는 갈대밭 길을
햇살도 서늘한 제 그림자 밟으며
둑길을 걷는다

졸졸 흐르는 시냇물 따라
텅 빈 대지에 듬성한
짚 가래 둥치와 사선으로
질서있게 그려진 벼 밑둥이
추상화를 그리듯
펼쳐진 시골길을 걸으며

한 삼백 년 옷을 벗은
느티나무가 역사를 말해주듯
숭숭 뚫린 표피로
세월의 폭풍을 건넌 노목의
그늘에 쉬어 갔을 길손들

변함없이 흐르는 물길 따라

운암강 곡선의 길을 걸으며
정겨운 산촌 마을이 모여있는
고향의 향수에 젖는다

# 화식조

공룡의 후세라는
화식조는 날지를 못하는 새
머리에 뿔이 나 있고
쉿쉿쉿 휘파람 소리를 내며
날카로운 긴 발톱으로
발차기는 챔피언이란다

하늘을 날지 못하는 새는
화려한 오색 깃털로
암컷을 향해 몸짓하고
자연계의 모든 생명 있는 것은
생존 방어의 벽을 부시며
날거나 낮게 기며 산다

날지도 기지도 못하는
새들은 나뭇가지에 앉아
지줘기며 노래하는가
하늘 우러러 날개를 접은
화식조는 달리기로 난다 하네.

# 담배 두 보루(boru)

우직하게 생긴 젊은이가
로컬푸드 계산대 앞에서
담배 두보루를 주문해서
한쪽에 서 있던 노모에게
어머니, 부르며 덥석 안겨준다.
푸드에서 담배 두보루가
돌아오는 길에 영상처럼
뇌리에 꽂혔다.
담배효를 행하는 어머니의
중독성 기호가 엿보이고
동네 뒷골목에서
공공장소에서
담배 연기를 흩뿌리는 사람
미성년의 골목 담배
효의 담배 두보루(boru)
그 어머니의 지난한 삶이었을
담배 연기 같은 아지랑이가
피었다. 개이었다.

## 청향 靑香

신새벽에
칡순차 한 잔 마시고
아침에 감잎차 한잔
뜨겁게 마시니
세속의 사념이 잠자네

순수 자연이 주는
향 내음이 좋아
산책길 주머니에
한 줌 모셔 와

볕에 말려 우리니
초록 물감 풀어 놓은 듯
잎새의 화몽이 깨이듯
창밖의 바람 한줌 얹어 마시네

# 모란

꽃 문을 수줍게 연
진분홍 모란
꽃잎 하나 여는데
봄내 춘풍에 속앓이했는지
노란 꽃술을 봄볕에 감추고
초록물로 우아한 편지를 쓰네

산까치가 날아와
느티나무 숲 가지에 앉아
전 할 안서를 기다리는가
사월의 마지막 날을 축복하듯
핑크빛 장미 한 송이 꽃 문 텃네
반개의 진홍 모란이 피었네

# 망종화

매끈한 아스팔트 시골길
드넓은 평야의 연두빛
벼 모가 나란히 줄지어 선
평화로운 풍경을
고향길을 달리며 바라본다

샛노란 망종화 꽃이 필 때
이른 하지 감자도 캐고
찔레꽃 진 자리에
복숭아 열매와 매실이
익어가던 고향 집 뒤란에

앵두와 보리수 빨강 열매가
가지가 휘게 풍성하던
초하의 정겨운 추억
토 담장에 탐진 수국이
하얗게 피어나는 여름이면

야산 솔향 내음에

시냇물은 졸졸 송사리떼 노닐고
평화로운 어머니 채전밭에
초록 윤기가 찰지게 돌던
바지런한 어머니 손길에
천연 채소도 꽃 같이 피어났다

# 들꽃

들풀이 우거진 작은 오솔길을 걷다가
풀꽃 한 줌 꺾어 그대에게 드립니다.
노방초가 무성한 꽃잎 사이로
산 내 나는 꽃들의 푸르른 노래가
갈 햇살에 부서져 내리는
황금 소나무 사이로 산새들 발자국 따라
산청을 메우고, 발갛게 익은 청미래로
산국을 꽂은 화관을 풀꽃에 얹어
그녀에게 바칩니다.
먼 시공을 건너 억겁의 인연인 한 획을 만나
낮고 굵은 일필을 휘두르며
한 생生의 장막을 펼치는 꽃들은 시들어 가고
다시 꽃을 피우는 풀꽃들의 향연
풀잎이 진자리에 새잎이 돋고
황금 꽃대에 반짝이는 한 획을 긋는다.

# 모란

꽃 문을 수줍게 연
진분홍 모란
꽃잎 하나 여는데
봄내 춘풍에 속앓이했는지
노란 꽃술을 봄볕에 감추고
초록물로 우아한 편지를 쓰네

산까치가 날아와
느티나무 숲 가지에 앉아
전 할 안서를 기다리는가
사월의 마지막 날을 축복하듯
핑크빛 장미 한송이 꽃 문 텃네
반개의 진홍 모란이 피었네

# 봉선화 피다 · 2

낮 달맞이 동자꽃이
시들어 갈 때
새빨강 봉숭아 꽃이
앞뜰에 피어나네

뒤뜰 장독대 모자이크
돌 사이 활짝 핀
붉은 봉숭아 꽃잎

어머니 자애의 사랑도
꽃 색처럼 익어가고
쑥버무리 고추 식혜
가마솥에 솔솔 김이 나던

고향 집 아련한 향수
새끼손톱에 반달로 뜨던
아릿한 백반 꽃물
어머니의 열 손가락이

거칠어지던 여름날
봉숭아 꽃물이 그믐달로 뜰 때
어머니의 계절이 익어가던
여름날의 푸른 회상

제3부

# 허물

# 낮달맞이꽃 · 2

낮달맞이 꽃이
눈먼 사랑을 찾아
눈부시게 피어나
한 올씩 품어가는
달을 향한 그리움
하현달 길을 따라
해 그늘에 꽃피우는
노란 달맞이꽃

# 극락조화

신비의 장막이 그물처럼
드리워있을 때
정점의 연민이었을까,
극락조로 화한 새 한 마리가
허공을 향해 날개깃을 세우고
비상을 하고 있다
하늘 길을 나는 새들은
지상에 내려와 앉고
지상에서 자라는 꽃씨는
허공을 날아 착지의 뿌리를 내리는
바람길에서
고결한 자태의 꽃으로
힘차게 비상하는
극락조화의 영원불변한
신비로운 꽃이여,
허공을 날아야만 사는 게 아니다
나는 새들도 지상으로 내려와
착지하듯 극락조화의 나래깃이
허공을 향해 날다.

# 겨울 연지에서

연밥이 하늘 아래
진흙속에 누워
사선으로 얽혀 서 있는
숭숭 뚫린 연자방
동그란 씨방 사이로
겨울 햇살이 말갛게 들었다
연지를 휘돌며
홰를 치듯 휜 곡선에
직선의 한 획이 박힐
까만 씨앗도 떨궈버린
빈 깍지 같이 허허로운 날
겨울 연지는 적묵속에
꽃의 밀어를 모두어 있다

지표는 역사의 흐름의 착지다
누군가 새로운 길을 내며 가도
그 길 따라 우린 순환하며
머 언 기억을 톡톡 깨우고
옛것과 새것에 길들여져

길의 끝에 원점으로 가는
마음의 본향만 있을 뿐
오롯이 흩어진 오뇌를
연줄기처럼 세우고
되돌아와야 할 길을
세롭게 가고 있을 뿐이다 .
그 곳에 연이 눈부시게 피었다.

## 흥(꼼지락)

꼼지락 꼼지락
손발을 마음이 가는 대로
흔들어요. 신나게 흔들어요.

어느 날 요양 병원에
문안 인사 갔을 때
그 할머니는 침대에 걸터앉아
손을 마구 흔들고 있었다.
꼼지락 손 운동을 쉬지 않고
그 입원실을 나와 돌아올 때까지
두 손과 두 발을 털 듯이 흔들며
운동을 쉬지 않고 했다.

뒷 소식에 그 할머니는
딸내 집으로 돌아갔단다.
의지가 강한 꼼지락 운동으로
그립던 자녀의 품으로 돌아갔단다

꼼지락 꼼지락
손발을 흔들어요.
손발을 신나게 흔들며 즐겁게 놀아요

# 엘레지꽃



꽃술이 다 환히 보이도록
보랏빛 치마를
뒤집어 추켜 올리고
나신의 절정을 표출하는
엘레지꽃

산청 자연의 무대
눈부신 봄 햇살 아래
꽃도 근대극이나 실험극을
대지와 태양의 조명으로
자연 무대를 연출하는가.

거목 등걸에 핀 새싹
벼랑에 핀 바람꽃
산나리 어수리 송화도
꽃의 숙명대로
자연의 선물은 꽃피울 뿐이다

# 야래 향

밤에만 꽃을 피우고
향기가 나는 야래향이
모기 퇴출도 한다니
식물도 의로운 반려로
어둠 속에 제 향기를 품는 가

야래향 나무 한 그루
알 뜰 탁에 놓고
초록 반려들과 어울려
향내 나는 꽃이 피거든
꽃소식 전해줄 이 누구이던가

달빛 밝은 통창을 열고
볏빛 쏟아져 내리는
무수한 이야기들 모아
그리운 사람에게 띄울까
시 한수 얻어 향기를 전할까

# 폭설

동지 절 한파 폭설에
먼 산 은빛 능선이
눈부시게 아름다운
앞뜰을 산책하며
하얀 눈이 벤치에
소담한 추억으로 쌓인
바람의 흔적도 없는
깨끗한 백지에
눈꽃 편지를 쓰네

벌거벗은 목련 나무
금목서 은목서에
설매로 맺힌 눈꽃이
햇살에 그림자도
형체도 없이 지워지듯이
애틋한 그 무엇도
영원한 것은 없다

빈 벤치에 둘이서 앉아

초록 잎 나뭇가지에
이름 모를 새들이 노래하면
소소한 일상도
행복하다 했던 산책길
이 한겨울에는
첫눈처럼 홀로서 걷고 있네.

# 오수

한낮에
디카페인 한 잔 들고
목어 잠을 청한다
잠시 영육을 쉬고 앉으니
분주하게 날뛰던 생각이
고요히 강물처럼 흐른다

어디쯤 닿아야
내려놓은 돛대가
오만의 항해에서
헤매이지 않을까,

흘러 흘러가다가
원점의 기억마저 희미한
몽환에서 깨어나
눈부신 금빛 햇살에

탁류를 가르고
별길 같은 트임 하나 만날까

눈 밝은 길 따라
자유로운 길을 향해갈까

눈을 감으니
안고 밖의 경계를 오가며
백일몽에 취해
현답을 찾아 해매이네.

## 첫눈 · 2

첫눈이 내리는 날은
함박눈이 나폴 나폴
하얀 나비처럼
내렸으면 좋겠네

아무도 밟지 않은
눈길을 걸어서
하얀 집에 닿으면
눈꽃 같은 선녀가 기다릴까

사랑을 하고
사랑을 잃고
사랑을 모르는 사람도
첫눈이 내리면

모두 다 용서하고 사랑하네.

첫눈이 내리는 날엔
날린 눈을 날려서

선녀에게 소식 띄우고
하얀 눈 사랑을 하겠네.

# 달 없는 별 밤


시월 그믐날 밤
앞뜰 은행나무 밑
뜰을 포행하며 걷다가

희뿌연 밤하늘을
올려다보니
샛별만 반짝이네

달님을 기다리는지
별만 총총
보석처럼 빛나네

어둠을 밝히는
별들의 우주처럼
한마음 다해 살겠네

# 그림자


응시의 날카로운 검지 사이
베이지 도자 손잡이 컵
그림자가 탁에 박혀있다
중독처럼 번지는 기호의 향
창밖에 해는 숨고
한낮에 회색 장막을 드리운
점멸등 빨강 불빛이
초 간격으로 깜박이며
소리 없는 경고를 쏘고 있다

제 그림자 밟으며 걷던
망각의 긴 세월은
뒤돌아보지 않아도
점멸의 순간을 깜박이며
블렉경고음처럼 엄습해도
화살촉처럼 굽어보는
금강金鋼 같은 굳은 의지의
생명의 불꽃이려니

밝은 해그림자
달그림자 밟으며
시원의 빛으로
길을 걷던 길목마다
스스로 거두며 길을 가는
긴 인영의 그림자
밝은 빛은 그림자도 밝다
탁 위의 뜨거운 커피가 다 식었다.

## 매화 첫 조우

연민으로 기다렸다.
단단히 봉합한
매화 꽃몽우리를 보며
언제 소식을 터트리려나

흑풍 한설 칼바람 맞으며
혹독한 인욕의 꽃 문을 연
매화가 삼일 빗속에
첫 꽃망울 가지마다 터트렸네

# 안개비

어제는 쾌청하여
먼 산 능선의 나무들이
선명하게 서 있더니
오늘은 비안개에
형체도 없이 가리웠구나

산은 그 자리에 앉아
변함없이 봄맞이하고
아랫마을 거리마다
산수유꽃 몽우리 맺고
봄맞이에 천지가 깨이네

# 단호한 이별

갔다.
돌아서 갔다
다시는 오지 못할 길을
돌아서 갔다

영면에 든 그 무엇도 말이 없다.
대자연의 잡풀 하나도
다시 원초의 흙으로 돌아갈 뿐

사랑하고 행복했던 그 무엇도
돌고 돌아서 만나고
돌고 돌아서 간다

살아 있는 생명은
죽은 듯이 제 할 일을 다 하며
한 점 부끄러움 없이 살아간다 해도
대자연의 모든 것을 보라.
떠나간 것들은 말이 없다.

흔적의 비어만 세상을 물들이며
희로애락의 애취에 울고 웃는다
옛사람들은 다 떠나갔고
갈 길을 서둘러 간 사람들도 갔다

남은 자들은 그들을 추모하고 기리며
좋은 건 좋은 대로 미운 건 미운 대로
사랑하고 용서하며
그날이 오면 추억하고 기릴 뿐이다.

# 무늬

노랑나비가 호랑나비일 수 없고
표범이 사슴일 수가 없듯이
미꾸라지가 은어일 수가 없다
거북이가 자라일 수가 없고
피라미가 잉어일 수가 없다.
생태의 그려진 옷으로
생물이나 미생물이나 동물이나
사람이나 자신만의 지문의 무늬를
닳도록 새김질하며 찬란한 문화 앞에
정서의 얼룩을 지우며 살아갈 뿐
모두가 이해와 배려로 상생하며
먹거나 먹히거나 뱉거나 삼키거나
지울 수 없는 문신처럼 무늬를 그리며
영위해 갈 뿐이다.

# 휴休

있는 대로
보는 대로
느끼는 대로
오각五覺의 상념을 쉬고
비우는 연습을 한다

비운다는 생각도 없이
나무숲을 거닐며
흙길을 밟고 흙 숨을 쉬며
들리는 새소리도 아늑하고
청솔 바람만 스치어 간다

순간의 쉼은 고요를 부르고
쉼은 목어 눈을 관조하고
본성의 깊은 자비를 깨우며
달을 가르키는 손가락 사이를
유영하는 사념을 쉰다

무위의 달을 본다.

너와 내가 둘이 아니다.
달 같은 사람들과
달그림자 밟으며
달을 품고 산다.

제4부

# 자유의 늪

# 자유의 늪


방종의 자유는 객기다
진정한 자유란
스스로의 속박을 벗어나
사회의 규범속에서
걸림없이 사는거다

중심의 무게를 지키는 것이
자신을 지키는 지혜이며
군중속에 관계의 연을 꽃피우고
자연과도 행복한 동락이 되는
늪에 헛발을 딛지 않는 것이다

늪에서 더 깊은 늪으로
해매이며 사는 게 인간사다
그 어떤 행불행도 스스로 만들고
스스로 받는 게 인지상정이며
남을 해치는 삼독이 없어야 한다
진정한 자유란 그런 것이다

자유의 발길은 가벼야한다
뿌리 깊은 나무의 숨결처럼
굳게 문을 열고 닫으며
힘차고 여여하게 나아가야한다
세찬 바람에 흔들려도
흔들림 없는 나무처럼 사는 거다

# 바람 부는 날


고추바람 부는 날
터덜터덜 카트를 끌고
에이듯 손끝이 아려오는
차가운 밤바람 맞으며
앞뜰 모퉁이 쓰레기장
분리수거 나가던 밤
밤하늘을 바라본다

어둠속에 푸르게 빛나는
별들을 하나 둘 세며
동요되는 찰라의 기쁨
별이 떠서 좋은 밤
추위도 녹아 내리는
별들의 힘,
하늘을 바라보지 않고
사는 사람들은 모른다.
사람들은 하늘을 보지 않고
앞과 옆 사이를 보며 간다.

문명의 노예 시간의 노예가 되어
고추바람 보다 매서운
세상사 분투하며 간다.
바쁠수록 돌아가는 사람
천천히 살펴보며 가는 사람은
하늘과 별과 달을 헤이며 간다.

태양이 빛나듯 늘 우리 곁에서
꿈과 희망의 빛으로
별이 뜬다는 것은 축복이다
비바람 흑풍을 견뎌내는
정서의 에너지이다
뜰 은행나무에 별이 총총히 걸렸다.

# 가을 사랑

끌림은 힘의 동기부여인가.
산사나무 아래 탱글탱글
보석처럼 깔려있는
진 붉은 산사 열매 앞에섰다
흙 위에 뒹구는
루비처럼 붉은 산사화 열매
황금빛 가을 햇살에
지천에 융단처럼 깔린
레드 카펫 사잇길을 걸으며
무수히 밟고 지나던 길목에서
루비알 보석 몇 개 들고
가을의 정취에 젖는다

# 둥글리듯 웃다


둥글리듯 창밖을 향하여
시이소를 타듯
안착한 공간의 자유
마주보듯 평행을 향한
중심과 웃음의 무게
어느 한쪽이 기울지 않아야
멈출 수 있는 평행

자유의 평온은 각자 찾는 것
혜답은 해탈 경지의 인욕과
배려가 깃든 사랑만이
행복이라 명명하며 살아가는
밝은 미소가 행복이다

평행은 평행으로 서 있을 때만
가능한 것이다
흔들리며 마주 보는 경계
각기 다른 곳을 보듯 마주 보며
순간의 일치를 향할지라도

시소를 타듯 평행을 이루며
둥글리듯 웃으며 살아가는 일이다

## 민들레 홀씨


봄내 산 민들레가
모퉁이 길목에서
노란 꽃망울로
시선을 붙들더니

어느새 하얀 솜털 같은
씨앗을 둥글게 달고
바람이 가는 대로
아카시아 나무 아래
탱자 가시 틈새 사이
풀숲 변에도

노란 민들레는
지천에 봄눈처럼 피어나
동심의 노란 미소 지으며
어김없이 낙화하는
꽃도 때를 놓치면
어느새 다 지고 말더라

# 때

사람도 세월 좋을 때
만나고 살아야지
이때 저 때 지나고 나면
다 떠나가고 없더라

때를 알고 때에 맞게
살아가다 보면
때 놓친 일도 더 늦기 전에
돌아보게 되더라.

# 보름달을 품다

달도 차면 기운다고
광명천지 둥근 달을 보며
보름마다 달을 품었다

모난 돌을 뽑아내듯
무거운 짐을 하나씩
둥근 달 속에 던졌다

달은 흔적도 없이 삼켰다
본래 던진 것도 받은 것도 없는
보름달은 우주에 떠 있을 뿐이다

마음이 열릴 땐 달 같다가도
닫히면 모난 돌덩이보다 못하니
겁劫을 돌고 돌며
둥근 달을 보며 배운다

# 돌 아이

MZ시대의 젊은이들이
돌 아이를 분양받아 키우며
돌잔치와 산책도 시켜주고
친구들한테
인사도 시켜주고
사람이 낳은 아이가 아닌
돌 아기가 세상에 출현했단다

석불이 아기를 낳았나,
차가운 돌이 아기가 되는
MZ시대의 젊은 아이 사랑이
충만과 결핍의 사랑인가
돌 아기를 품고 차가운 심장이
뜨거워지는가,

다 큰 여자아이가
큰 여자 인형을 안고
집에 들어가는 것을 보며
정서의 감성에 쓸쓸함이 묻어났다

부모는 자녀에게 크 사랑 마음을
표현으로 듬뿍 전해주어야 한다
부모가 자식에게 줄 것은
진정한 사랑이며 이해와 배려이다

성인 결혼식에
돌 아이 끼리 결혼까지는
정서가 메마르지 않아야 한다
연리석石은 자연이지 사람이 아니다
사랑은 샘물처럼 솟아 올라
푸르고 뜨겁고 건강한 정서의 사랑이
참 좋은 사랑이다.

## 여름날의 단상

해질녘
왕소나무 산책로에 올라
풀냄새 폴폴 나는
흙냄새 맡으며
노송 사이를 휘휘 돌다가

길섶 버들강아지
쑥쑥 몇 개 뽑고
개망초꽃 몇 가지 꺾고
억새꽃 몇 개 뽑아
작은 도자에 꽂으니

해는 어느새 짧아져
여름밤은 저물고
노방초를 한 줌 옮겨와
소박한 서정을 들이니
작은 방이 산길처럼 트이다

책상 위 투명 병에

방아잎 마른 줄기가
흙향이듯 후각을 후비며
메마른 더위를 삭히고
말간 노을빛이 창가에 서린다

# 반쪽 눈

한쪽 눈을 감고 반쪽 눈으로
세상을 바라보면 반쪽만 보일까
마음눈을 크게 열고 보면
더 환히 보이는 게 세상사다.

타조의 시력은 구 점 영이고
갈매기의 시력은 오 점 영이라는데
사람의 시력은 이점 오로
시공을 넘나드니 만물의 영장이 아닌가

집으로 가는 길
수묵화 그림을 감상하다가
한쪽 눈을 만났다.
텅 빈 공간에 정점의 매섭고
밝은 해탈 경지의 한쪽 눈에
날 선 시선이 꽂혔다.

세상사 어지러운 세태에
한쪽 눈을 감고 반쪽 눈으로

꿰뚫어 봐도 두 눈 다 감고
무심히 길을 걸어도
역사는 흐르고 세상의 흐름도
역사에 묻혀 흐르고 있다

이백오십 시력의 타조나
매의 눈 밝은 부리의 시력도
나는 새들은 날개를 달고 있다
날개가 없는 인간 세계나
심안의 또 다른 눈으로

이제는 세계가 하나로 평화로워야
지구촌의 생존이 평온할게 아닌가
두 눈을 부릅뜨고 세상을 바라보나
한쪽 눈만 뜨고 세상을 바라보나
찬란한 태양은 온 세계를 비추이고

태양의 반쪽 그늘도
돌고 돌며 윤회를 하지 않는가.

이처럼 밝은 세상천지에
새봄은 오고 모든 만물이 깨어나니
새 생명의 눈을 떠야 하지 않겠는가.

## 흰 개

그 시각 S 병원 로비를 휘돌아
뒷마당에 들어서자
하얀 털옷을 입은 개 한 마리가
컹 컹 컹 짖어댄다.
낮엔 멀건 눈을 굴리며
주인 잃은 개처럼 애처로이
오가는 사람을 바라보더니
어둠 속 회색 건물 간이에 앉아
허공을 향한 메마른 짖음에
유기견에 대한 의문이 꼬리를 문다.
진눈개비 내리는 깊은 동짓달
회색빛 하늘이 습설이라도
내리려는지 검푸른 역습이다.
먹태 스낵 몇 개를 개 옆에
놔주고 돌아서 오던 밤
끝내 함박눈은 내리지 않고
습설이 며칠째 내렸다.
컹 컹 컹 개 짖는 소리를 뒤로하고
구름을 뚫고 차오르는 달이

어렴풋이 비치 우는
뒷산 능선 아래 외딴집 개였을까,
며칠째 배회하던 흰 개가
오늘은 그곳에 가고 없었다.
산모롱이 길 위에서 동네 견들과
어우러져 잘 놀고 있었다.
인정도 때론 오 바 할 때가 있다.

# 비늘

갈치를 다듬다
풀처럼 누워 지느러미 사이
미끈한 꼬리를 치켜뜬
은빛 눈을 본다.
갈치가 갈치 꼬리를 문다는
신랄한 상처에
누군들 한 번쯤 아리지 않았으랴.
도마 위 갈치가
은빛 파도를 헤치며
푸드득 일어선다.
물이 있는 곳에 흙이 공존하듯
바다에 있는 것들은 뭍을
뭍에 있는 것들은 바다를 그린다.
짙푸른 동해바다
날 센 해무를 연상하며
갈치가 갈치 꼬리를 물 듯
식상한 도마질,
그 광활한 해원에
속엣말 모두 탁, 내려놓고

해풍 한바탕 쏘이고 싶다.
비늘 없는 갈치 맨살을 보며.

## 청공

가을이다.
하늘이 참 푸르고 맑다
바람도 시원하니
참 좋다
가을이로구나.

# 소나무꽃

내가 꽃으로 피어난다면
백년만에 한번 핀다는
붉은 소나무 꽃으로 피어
불로장수 사철 푸른 노송처럼
건강하고 행복하라고
너를 위해 푸르른 기도를 올리리.
나를 위해 기도하듯 너를 위해
늘 푸른 소나무처럼
기도를 올리리.

## 낙화암 고란사에서

백마강 옛 가요 가락이
유람선 선창을 구수하게 흔들 무렵
부소산 낙화암 바위를 비경으로
삼천궁녀의 절개가
푸른 비취색으로 흐르는
백마 강변을 휘돌아
고란사 선창에 닿아
가파른 돌계단을 딛고 올라
참배하며 왕이 마셨다는
고란수 한 모금에
세파의 찌든 영육을
구슬 모래로 거르듯 마신다

고려시대 백제 후예들이
삼천궁녀의 넋을 위로하기 위해
중창했다는 고란사 아미타부처와
데세지보살 백의 관세음이 모셔져 있는
극락보전 승僧의 독경 소리가
부소산 자락 참배객들의 하산길

역사의 메아리처럼
힘차게 울려 퍼지고
왕복 유람선은 갔던 길 되돌아
이정표를 향해 흩어져 가네.

## 선유도의 추억

산처럼 앉은 아름다운 모교
외길의 올곧은 삶을 살아왔을
산외초등 사십 회 오십 주년을 맞은
정겨운 벗들이여

초심과 동심 축복의 만남을
태양처럼 환히 밝히자.

학덕을 배우던
그리운 고향산천
산과 들 벗 삼아 뛰놀던
교정의 드넓은 운동장
해맑은 모습으로 만난
회상의 소년 소녀들은
이순耳順을 넘어 오늘 이렇게
축복의 자리에 다시 모였네.

우리 다 같이 건강하고
활기차게 아름다운 황혼을 맞이하자.

사랑하는 벗들이여!
죽마고우의 우정을 잘 가꾸어
언제 어느 때에 다시 만나더라도
건강하고 복되고 행복한 모습으로
우리 다시 만나자.

## 대흥사(연리근)

소리 없는 바람처럼
한오백년 느티나무 연리근에
어느 생의 인연들이
연민의 그리움과 사랑을
오가는 발자취마다
빈 나무에 매달아 놓고 갔을까

고승의 숨결처럼
범종각 아래
뿌리와 뿌리가 만난 연리근
정월의 해설픈 볕에
청룡의 새봄을 기다리듯
대웅보전 전각을 감싸 안고

마른 나뭇가지마다
푸른 생명을 움 틔우듯
음양의 활기찬 기상으로
청정 약수 한 모금에
세간사 번뇌 업장

한 티끌 여의네

해남 대둔 산하 표충사에
서산대사 사명대사 처영의
영정이 모셔져 있고
천불전에 삼배 올리고
열세분의 대종정과 대강사를
배출했다는 부도전에 경외의
합장 배례 절 올리니

초의선사 유품 다선정과
맑은 청수를 내뿜는 약수와
차 한잔의 선맥이 흐르는
명 고찰 고혹의 정기가
하산의 가벼워진 발길에
충만한 불연의 은혜로 회향에 드네.

## 파리 손님

작은 파리 새끼 한 마리가
고층 아파트 실내에 날아들었다
시월의 찬바람 속에
따뜻한 곳을 찾아 열린 창문으로
들어왔나보다

이방 저방 거실과 주방을
자유로 날아다니더니
지금은 폰을 들고 글을 쓰는
손목을 타고 만행중이다

새벽기도를 올리는
경전을 더듬거리다가
침상에 범접하지를 않나
천정에 머리를 부딪치며
윙윙거리지를 않나
비행이 가히 대자유다

미물도 불살생이라

한동안 동거동락을 했더니
무엇을 챙겨 먹었는지
제법 덩치가 커졌다
경계를 놓아 버리니
파리 손님이 사람 품안에서
자주 포행을 한다.

제5부

# 말[言]의 빛과 빚

# 백야의 간극

해 그늘이 짙게 깔린
간절기의 푸른 볕 아래
돌의자에 앉아
담배를 물고 있는 젊은 여자
납작한 도시락 꾸러미를 들고
집으로 구부정하게 들어가는 남자
반 줌 햇살을 끌어안고
반경을 도는 또 하나의 여자가
새들이 노래하는 나무 군락을 끼고
산수유나무 밑 벤치에 앉아
앙다문 산수유꽃망울을
연민으로 바라본다.

조경 나무들의 마른 표피가
푸석한 나이테로 서 있고
살아 있는 초록 풀들은
양지에 잎을 말리며
새 생명의 봄을 기다리고
벌거벗은 나뭇가지에

산새들이 날아와 노닐고
목련의 움이 새들의 먹이로
수난을 겪는 상생의 간극은
대 자연 순환의 빛으로 향한
소리 없는 울림이다.

# 가을 상념

사랑이라는 단어는
말하는 순간 빛이 바랜다지

빛이 무채색으로
바랜다 해도
사랑이라는 말言은
그 누구라도 듣기 좋은 말

갈애하고 갈구하는
인류의 풀리지 않는 애증
결국 사랑의로의 회귀까지
인간은 본래 고독한 존제다.

## 적념

저 홀로 피었다가
진 꽃처럼 검붉게 핀
항아리에 꽂힌 꽃다발
창틀에 올려진 화묵花黙

설렁탕집 중식에
햇빛살이 직선으로 꽂히는
창가에 앉아 휴휴로운 날
빛과 꽃잎의 유희를 본다

올려다보는 사물의 신묘함이
감성의 생명을 깨우고
적묵을 깨고 꽃으로 피어난
정려한 시어가 샘솟듯 솟는다

# 별이 빛나는 밤에

빛이 나는 것은 둥글다.
고흐의 별이 빛나는 밤을
신새벽 머리맡에 펼쳐놓고
청 푸른 밤하늘에
선과 선의 이름으로
둥근 달 속에 초승달과
반월이 들어 있는
큰 별 하나 보고 있다

나무와 탑과 캄캄한 마을
미세하게 흐르는 불빛
노란 형광빛이
간헐적 음악처럼 들리듯
정겨운 집들이 늘어선
마을의 밤도 깊어간다.

큰 별 속에 들어 있는
둥근 점 하나가
우리의 가슴속에 불을 켜는

수많은 행성의 별 들이다

청보랏빛 하늘이 깊어갈수록
오묘한 별들의 세계는
꿈을 꾸듯 밤 천지에 빛나고
새벽을 여는 눈 밝은 영혼들은
하루를 열고 별 같은 빵을 굽고
지상의 신성한 흙과 아스팔트 밟으며
일터로 향하여 간다.

광명의 해가 떠오르면
별들의 빛나는 밤은
꿈과 희망의 메시지를 그리며
별똥별로 추락해도 떠 있을 것이다
운석처럼 단단한 잔별이 빛나는
고흐의 큰 별 하나가 초승달을
둥글게 품고 있다

## 올가미

면벽하듯 고요한 벽면에
절정의 흑장미가 만발했다.
바람에 뒤채는 장미의 발언
동그랗게 말린 전깃줄이
시든 꽃잎을 단수에 걸어놓듯
착상 위의 밝은 햇볕에
자지러지듯 우짖는 새들의 노래
잎이 뒤집히듯 펄럭이며
바람 부는 쪽으로 기우는
오후 녘 해는 서산으로 기울고
초록 나뭇잎 속에 숨은 새는
공중을 가르며 노래한다.
오월의 사랑 장미는
그 누구도 구속하지 않고
뭇 사랑을 화花 육으로 받으며
자유로운 오방색으로 피어나고
오월의 따가운 볕에 데이도록
검붉은 사랑 꽃을 피우며 진다.

## 겨울꽃

겨울 아카시가
가시만 남은 가지를
하늘로 치켜들고
탱자 울타리에
그물망을 친 날 선 가시가
사선으로 얽혀있는
비탈길 울타리 사이에도
겨울꽃이 피어난다

노란 민들레가 납작하게 피어
바랜 잎 흙 위에 부리고
허허벌판 비탈길에
피어나는 꽃들의 생명
양지꽃 밥풀꽃 광대나물꽃
노랑 민들레가 인욕보살꽃이다
꽃도 대자연에 순응하며 피고
자연의 순응을 거스르는 건
대 문명의 인간사다.

# 뿌리

지하로 향하던 노목의
옹이가 박힌 뿌리가
세월의 잔상처럼 굴곡진
내장산 계곡천을 끼고
초하의 푸른 잎이 짙어 가네

단풍나무 잎 사이로
<u>호르르르 호르르르</u>
휘파람새 청량한 노래소리
청향을 영육으로 마시며
오솔길 숲 그림자 밟고

한유한 그 길목 벤치에
시공을 넘어선 그림자
산청 계곡 천 따라 거니는
단풍나무 푸른 숲 그늘에
원초의 자연과 하나가 되네

# 위대한 의자

도예의 극치로 빚은
고려청자 원형 의자를 보며
흙으로 빚은 도공의 문양과
고리와 고리로 이어진 연계의
구름과 연화문 넝쿨 코끼리 눈
연꽃 문양의 조화로움과
회록의 은은한 청자색이
십이 세기 고관부의 상징적
주거의 단면인양
고풍의 멋과 체취가 스며있다.

놋쇠의 차가우면서도
명징한 소리인 듯
청자의 맑은 음률이
하늘색 담은 소리가 들리듯
역사의 예술혼 청자 매병을
앞에 놓고 청자 베개를 배고
상감 청자 찾잔에
청숫물 부어 차 한잔 우렸을

옛 풍류의 멋스러운 음각
양각으로 새겨진 문양을 보며

역사의 귀중한 혼혈의 정신
청자 양각 용무늬 원형 벼루에
진한 먹을 갈아 한 획을 쳤을
청룡이 꿈틀대는 세기의 문화
흙과 불 물과 바람으로 빚은
도공의 청자 의자에 앉은
푸른 하늘을 우러러 보았다.

## 솔직한 꽃

백세시대에 사는 우리는
복제 인간이 아니다.
어머니 태를 빌어 세상에 나온
피와 살을 받고 새 생명으로 온
단 하나의 생명이다

마음의 주인이 누군지 몰라
타성에 젖어 해매이는 삶
한 송이 꽃 앞에서
향 내음과 꽃색에 물들어
고요의 평온을 얻듯이

사람이 꽃보다 아름다울 수 있는
마음의 뜰을 닦고 닦아
탁류에 휩쓸려 가지 말고
마음의 꽃 한 송이 피우자.

# 낙과

바람에 떨어진
농익은 모과 한 알
뽀얀 과육 사이에
까만 씨눈이 박혀있고
쫘 악 갈라진 사이로

새콤달콤 향내가
초가을 밤
동네 골목에 번지고
모과 향 내음 흠향하며
걷는 발걸음

만종의 낙과 조각이
영육에 종을 치듯
단내나는 모과 향에
가을 정취에 젖는다

# 겨울 산국

흑갈색 길섶 풀들이
메마른 줄기를 기역 리을자로
허리를 꺾고 자유자재로 누운
야산 오솔길을 걷는다
뼈대를 환히 들어낸 산언저리에
시들지 못한 노란 해국이
작은 꽃망울을 터트리고
동짓달 일필을 긋듯
청련한 꽃망울에
묵언의 말문 터지듯
감성을 톡톡 깨우는
별빛에 와 닿은 따스한 정념
철을 잃어버린
얼음꽃이 된 겨울꽃
차거운 볕으로 기우는
태양의 그늘을 사는 생꽃

# 키

그 어떤 재물과 명예의
키 보다 마음의 키를
잘 열고 닫아야
마음 단속을 잘 해야
도둑맞을 일이 없다

마음의 키는 중용과
굳은 의지의 믿음이다
자신을 분명히 믿어야
세파에 휘둘리지 않고

마음의 곳간의 키를
열 때와 닫을 때를
조율을 잘해야 오롯이
흔들리듯 흔들리지 않는
자신의 길을 갈 수가 있다

# 부모의 마음

한 백 년 살아가도
자식들 걱정이고
새털같이 가벼운 육신에도
자식들 잘 살아야 하는 디
밥은 먹고 다니는가 염려하네

한평생 자나 깨나 자식 걱정
칭찬도 나무람도 속 깊은 정 일진데
철없는 자식들 한 부모 모시기 힘들다고
요양병원 문턱을 넘나든들
부모 마음 조금이라도 헤아릴까,

옛 효자들은 부모를 하늘처럼 섬겼거늘
현시대 자식들은 발끝만큼도
효孝를 따라 하지 못하고
부모 마음 헤아린들 먼지만 같아라.

부모 살아 숨 쉬고 계실 때
한 번이라도 더 마음으로 찾아뵙고

건강하게 사는 것이 효孝의 기본이며
은혜와 감사의 마음으로 찾아뵙고
하루라도 마음 편히 계시고

계시는 날까지 웃는 일만 있으시길
그 누구도 대신 할 수 없는
마지막 길까지 다 내려놓으시고
편안하게 가시길 기원하네.

# 둥치다




별 같은 시 한 수를 들고
일곱 개의 별들이 마주 보며
한자리에 앉았네,
이 땅 위에 무수히 흘러간
세월의 역사 한 귀퉁이에서
백제를 노래하고
동학을 읊으며
노령의 산 좋고 물 좋은
내장산을 노래하는가.
태양도 별이라는
푸른 별 붉은 별
밤하늘에 한 점 반짝이는
수많은 별들처럼 한 찰나의 순간을
어둠속의 별들을 찾아
세상의 별들을 향하여
희망의 평화와 사랑을 노래하는
시詩의 축제여,
시의 축복과 위로의 축제를
헌사 하는 별들의 축제여

제6부

# 냉정

# 냉정

붉은 심장을 가진 것은
멀리 있어도 시선을 당긴다
위험한 장난처럼 속말을 건다
화살나무 꽃 열매가 익어 갈 때
원근 돌 듯 숨이 터질 때
그 곳 언덕바지에 올라
뜨거운 호흡의 근원을 묻듯
차거운 바람속을 헤집고 걸었다

절망의 끝은 희망이다.
하늘과 태양 달과 별을 보며
꿈틀이듯 싹을 틔우는 사랑
흑풍에 촛불처럼 흔들리는
굳은 융합으로
성찰의 냉정한 돌이 되는 것
돌부처가 바로 앉는 것이었다

꽃도 붉은 꽃이 설레이듯
심장도 뜨거운 선혈의

실핏줄 까지 돌고 돌아야
심장의 온화한 꽃이 핀다
비로소 마음의 문이 열린다
타인을 향한 따듯한 연민이
온정으로 흐르며 사랑이 핀다

## 흑진주 몽돌


세찬 파도에
모가 난 영육이
얼마나 아프게 씻겼으면
저토록 동글동글한
맨살로 오체투지 하듯
모래밭에 엎드려
모난 구석이 없이 닳았을까

거제도 몽돌해변
태양에 까맣게 태워버린
흑진주 몽돌이
큰 물결의 파도에
선연한 물무늬를 그리며
하얗게 웃고 있다

태양의 불꽃에 타지 않는
바다 어미의 품에서
사그락 사그락 밟히는
발자국마다 음표를 새기듯

부딪끼며 쏟아내는
몽돌의 옹알이 노래가
하얀 포말에 흘러 내리고

바다를 찾은 객들의 가슴에
쌓인 오뇌의 그늘이
팔방으로 얽힌 그물코를 헤치며
바다 멀리 돌팔매질 할 때
뚜우 뚜우 만선의 고깃배가
깃발을 날리며 돌아오는
흑진주 몽돌에 모래 꽃이 핀다.

# 누출

유심 정보 누출에
유심 무료 교체에
개인정보 누출이 무서워
동네 차도를 지나다가
주민들이 줄을 서서 기다리는
인터넷 정보화 시대의
손안에서 움직이는
모든 개인 정보갈취 위험에
불안한 행렬을 목격하며
인터넷 기기가 인간사의
편리와 불리의 한계를
극복하지 못하는 문명에
가스라이딩 당하는 건 아닌가 하는
씁쓸함을 되뇌었다.

에이아이 일급 비서를 두어야 하나.
에이아이도 사람이 만들고
기기 문화에 사람이 치이니
급속도로 발전한 세계 과학 문화에

어지러운 일이 빈번하다.
누출을 차단하기 위해 줄을 선다.
기기 비번도 털렸다 한다.
분명하고 단단한 방어가 자신을 지킨다.
문명은 인간의 지식이요, 지혜이며
개인의 정보 권리가 지켜져야 할
철통같은 법규이며 사회적 도덕이다.

# 금사슬꽃 피다

짙어가는 초록 속에
황금빛 꽃 타래가
슬프도록 아름다운
순간을 축복하듯
꽃을 피운 금사슬꽃

탐진 꽃송이를
겸손의 미덕으로
오월을 빛나게 하는
엘리안 하심의 금사슬꽃
아래를 굽어보며 핀 꽃

# 소리·3

작은 죽비기 툭 부러졌다.
눈을 뜨고 자든
눈을 감고 자든
삼경에 잠을 깨어

기도 죽비로
내려친 손바닥이
뿔이 났는지
귀퉁이가 날카로운

송곳처럼 사선으로
한 줌 번뇌처럼
툭 떨어져 나갔다.
응시하는 사념이 박살났다.

# 겨울 장미

마른 장미 몇 송이가
혹독한 한파에도
떨어지지 않고 옹골지게
나뭇가지에 매달려있다.

세찬 바람이 불 때마다
겹겹이 마른 노랑 꽃잎을
방어벽처럼 오므리고
바스락이는 얇은 퇴엽이

한 해를 넘긴 새해에도
화육을 버리지 못한 원죄로
강쇠바람을 기다리는 화심
자연으로 돌아가는 퇴엽도

때가 되어야 흙으로 섞이는
마른 장미의 화사
때가 되면 피고 지는
꽃 한 송이 일도 자연에 순응한다

# 홍매 · 2

세간사의 영화도 눈 감고
흑풍이 부는 설한도
사랑이라 일컷는 연민도
다 여의고 사랑을 하네

붉은 시심마로
때가 되니 피고 지는
홍매가 만개하니
사방팔방 술렁이네

무상한 화염의 춘 봄이여
희디흰 백화보다 희어서
홍조로 물들었는가,
홍매 꽃술에 이슬 맺혔네

# 등대

1
사랑을 할 때
사랑을 잃었을 때
너에게 빛으로
길을 내어줄게.

2
바다의 촛불
인생 역전을 시작할 때
꺼지지 않는 광활한
바다의 등대를 밝히자

3
칡흙 같은 어둠 속에서도
마음의 눈을 감지 마라
빛은 어둠을 사루는
새 희망의 횃불이므로
빛을 향해 나아가라

# 흙 향

고향을 지키는 사람들은
흙냄새가 난다
인정과 꾸밈없는 언어에
구들장 같은 따끈함과
전라도 사투리에
정겨움이 물씬 나는
푹 삭은 묵은장 냄새가 난다

친절한 시골 버스 기사님 먹으라고
할매들이 오만가지 먹거리를
기사님 손에 쥐어주고
탑승 안에서 사랑방처럼
시끌벅적 장터처럼 떠들며
수다의 소통은 꽃피고

흙물 든 고향 산촌은
대대로 이어진 이십일세기
내리사랑의 지킴이로 흐르고
고향을 떠난 타지의 사람들도

고향을 푸른 소나무처럼
가슴 깊은 곳에 묻고
그리움을 남몰래 품고 산다.

## 까막별 빛나다

흑과 흑에서
태양과 달별이 없는
밤하늘이라 해도
어둠 속에서 볼 수 있는
빛나는 마음의 눈이 있다

까막별 속에
올빼미의 비밀은
올빼미만 알아도
올빼미를 아는 심안
혜안의 눈은 올빼미의
비밀을 안다

밝음 속에서는 쪽도 못 펴는
어둠 속에서만 먹이를 노리는
올빼미들의 둥지
까막별의 빛나지 않는
별은 존재하지 않는다

대자연의 이치는
한치 어김없이 흐르고
어둠의 동굴은
해가 밝으면 해그림자가
비추어야 출입구가 보인다

촛불 켜듯 어둠을 깨치고
까막별에 광명의 등불을
환히 밝히는 거다.
먹이사슬의 그물코를 세우고
어둠 속에서 어둠을 쫓는 자들의
까막별은 어둠일 뿐이다.

# 실거미

집 해우소에 살던 실거미
한 마리를 실내 금전수 분에
옮겨 줬더니 금남의 방에
마실을 와서 쌓인 책 사이
의자 틈새로 종횡을 한다.
느린 감각의 실발로
톡, 하고 건드리자
비상 달리기하듯 숨어버렸다.
은혜를 아는 미물인지
물린적이 없으니 동거동락 하며
베란다 분에 방생도 해주고
조경 나무숲에 풀어주기도 하며
눈에 밟힐 때마다 실발로 뒤뚱거리며
생존 경쟁하듯 달아나는 미물과의 상생
해악이 없는 약한 미물들은
악한 인간 보다 낳으니
동거동락 한들 무에 해가 있으랴.
생명의 존귀함을

명주실보다 가는 발로 기어 다니는
실거미를 보며 생각한다.

## 절규 뭉크

무엇을 위해 살았을까
뭉크의 절규는
삶의 전위예술이었을까,
고난과 고통으로 채색된
자유의 사랑
별이 빛나는 밤의 유희
검은 새끼 돼지 그룹의
스캔들이었을까,
이십일세기의 세계적 미술관에
소장된 뭉크의 절규가
오십점이 넘는 그림으로
표현되었다니 세계적 명화가로
사랑받는 절망과 뭉크의 절규는
인간사의 안고 가는 피할 수 없는
상반 간의 표현이다.
삶이 곧 고苦라고 붓다는 가르치듯
역사적 대화가의 그림도 그 시대
난도질당하듯 혹평을 받는 과정과
인간애의 사랑의 열정과 댓가를

연인들을 모델로 그렸다.
세계적 명작은 미술을 애호하고
사랑하는 사람들에게 감동과 행복의
시사를 안겨준다.

웅크리듯 주저앉아 울어보지 않은 사람은
인생을 논하지 말라.
춥고 어두운 가난과 병고로
뼛속까지 아파보지 않은 사람과
주검의 터널을 직 체험하고
부모와 형제 등 가슴으로 고통의 이별을
사무치게 겪어보지 않는 사람은
슬픔은 논하지 마라.
자유로운 영혼으로 예술을 하지 못한 사람은
예술을 논하지 마라.
뭉크가 시사하는 노르웨이의 역대 국민 화가의
세계명작을 감상하며 상념과 사념의 간극을 오간다.
지병으로 아픈 동생을 그림으로 남기고
서슴없이 터치한 사랑의 희열과 고뇌와 배신 이별을

생생하게 표현한 작품 들을 제 조명한
모 작가의 그림들을 보며 사고思考에 젖어본다.

# 가거라 잘 가거라

새 생명의 꽃이여
신록의 푸르른 청춘이여
짙푸른 청춘의 덫이여
완숙의 찬연한 가을이여
저문 서산에 걸린 노을이여

가거라, 지나간 것들은
주저하지 말고 잘 가거라
지난 세월은 되돌릴 수 없는
흔적의 길일 뿐이니
오늘과 내일을 희망으로 맞으라

잘 가라, 잘 가거라.
누한 삶의 파편도
사랑을 분실한 날들의 고뇌와
절망과 분노의 칼날도
행복이라 명명한 추억도
지나간 것은 다 잘 가라.

바로 지금 오늘과 내일을
사바의 고뇌에서 벗어나
유유히 흐르는 물처럼
청산에 해 뜨고 달 지듯
꽃피고 지는 삶의 길에서
스스로 낸 길을 가라.
그 모든 사슬의 끈을 잘라 버리고
힘차게 나아가라.

어제는 지나간 날이고
내일은 아직 오지 않은 날이니
순간의 고뇌에 속지 마라.
자연의 충만한 선물에 감사하며
살아 있음에 감사하고 행복하라.

# 부처 걸레

불가마 속 같은 볕에
뻣뻣하게 북어처럼 말라갈 때도
물을 먹고 훈습 하듯
귀퉁이에 처박혀 악취가 배여도
화탕지옥 끓는 물에
다비하듯 삶아져도
당신의 깨끗한 영혼을 위해
나는 혼신을 다해 청소를했어요.

너덜너덜 찢기 우는 때를
빨래판에 놓고 비비고 두드리고
초강력 세탁기에
미치도록 빙빙 돌려도
당신의 영혼에 맑은 물이 고이면
나는 혼혈을 다 해 사랑을 받쳤어요.

당신이 늘 곁에 두고
주무르고 광을 내어 씻기 울 때마다
제 계 하며 거듭나서

먼지처럼 살다가 가도
나로 인해 세상이 깨끗해진다면
내 몸이 바스러져도
나는 행복한 걸레랍니다.

# 엽전 열닷냥

트럭에 공박스가
납작하게 개이어
가득 실려있고
동네 사거리에서
바닥에 공박스를 정리하며
중년 여인이 유쾌하게
옛 가요 한 곡조를 불러 제킨다.
엽전 열 닷냥,
구성진 가락이
폭설 한파에 질퍽한 길을
가던 길을 세우고
그 여인을 흘깃 바라다 봤다

장화를 신고 트럭에 공박스를 수거하며
홀로 흥이 나서 십팔 번 노랫가락
한 곡조를 뽑으며 일을 하는
그 여인이 자연스런 퍼포먼스가
추위를 녹이는 활력이 되는지
노랫가락에 취하고

공박스에 취하는 엽전 열닷냥이
길거리 전위예술을 보듯
질퍽한 눈길과 겹쳐와서
그 여인의 뒤뚱거리는
몸짓을 스치듯 봤다

일도 흥이 나야 힘든 줄 모르고
시간 가는 줄 모르듯이
노래로 흥을 돋구는 일도
삶의 애환의 지혜이리라
일상을 풀어내는 한 가닥
노래이리라.

# 노랑 장미
— 能靜에게 바치는 헌시

해맑은 그녀에게
노랑 장미 일곱 송이를 바친다
행운의 숫자를 일필의 연서로
사랑을 가득 담아
일곱 송이 장미를 바친다.
오늘은 그녀의 축복의 날
첫울음과 첫 기쁨의 사랑을
새 생명의 환희로 축복받은 날
고희의 그녀에게
세상에서 제일 아름답고 고귀한
노랑 장미 일곱 송이를 바친다.
순수한 진실과 인욕의 사랑
일관된 삶의 희생과 헌신으로
가정을 잘 지키고
문인의 길을 오롯이 가고 있는
그녀의 시詩와 수채화 동화 같은
삶을 사랑하다.
때론 거친 세파에 흔들려도
흔들리지 않는 삶의 무대에서

나무에 등 기대어 살 듯
자연 속에서 정화의 충만으로
잘 살아가고 있다.
그녀는, 그녀의 삶의 주인공이니까
기도의 서원처럼 눈 밝은 진리를 향해
법운행法雲行 능정能靜의 불명佛名으로
부모님이 지어준 본명으로
은혜롭게 잘 살아왔고
문인文人 본업의 길을 잘 회향할 것이다.

제7부

# 애愛고의 사유

# 붓꽃

보랏빛 꽃 펜으로
초록빛 잉크를 찍어
봄 편지를 씁니다

수취인 발취인도 없는
백지 편지를 씁니다

봄 색이 너무 아름다워
봄에 만나 봄에 떠난
꽃을 위해 편지를 씁니다

한 송이 꽃을 피우기까지
진피로 피워냈을
그 꽃을 위해 편지를 씁니다

보랏빛 펜으로
초록빛 잉크를 꾹꾹 눌러 찍어
편지를 씁니다

# 달빛 아래서

하얀 꽃잎이 달빛 아래 부서지듯
바람결에 흔들린다
절로 꽃 앞에 다가가 꽃 앞에 서서
시리도록 순결한 꽃잎을 바라본다
인고의 흑풍을 견디고 가을밤
월광에 비치는 파르르한 구절초의
절개가 눈부시게 맑다.

맑아서 눈물이 나는 꽃아,
먼 기억으로 돌아와 가슴을
쇠 종처럼 쿵쿵 치는 순결한 넋아,
네 향기에 비틀거려도 좋으리
네 순정한 미소를 품어도 좋으리
꽃처럼 살다가 꽃처럼 가도 좋으리
돌아서는 발길이 환하다.

# 부바르디아

나는 당신을 항상 가까이하고
눈물이 나게 사랑을 하고
때론 원망도 하지만
한 번도 당신 곁을 떠난 일이 없습니다

빛처럼 투영되는 큰마음과
변함없는 자애의 미소와
어둠을 살라 광명의 빛으로
당신은 그 자리에서 한 번도
나를 버린 일이 없기 때문입니다

나는 당신의 포로가 되어
스스로 묶인 매듭을 하나씩 풀며
곁에 머물고 다시 자유를 향해 납니다
사랑의 걸림 없는 자유를
당신을 통해 배웠기 때문입니다

## 천자산마루에서

하늘의 축복인가,
땅에 축복인가,
돌산 바위 천혜의 터로 앉아
산 굽이굽이 마다
우담바라 피었구나.

안개도 쉬어가고
바람과 구름도 머물다 가는
신비의 계곡
청송 물결 이룬 절경
무아의 경지
끝이 없는 장가계 원가계 산천은

석림의 왕 투자족 수령
향왕천자 봉기의
전설만큼이나
기암석 신비한 색채가
천교 천지 천문 고사 비천 동굴의
9,999의 기이한 암석 봉우리와 어울려

천하의 절경을 이루고

산이 높아, 사람이 알지 못한다는
산에 올라 앉으니
신선이 따로 없고 극락이 따로 없네.

천하제일교에 흐르는 구름타고
다리를 건너니
만만디의 정신 터전 같구나.

어느 세월 여유로히
축복의 아름다운 천자산마루에
꿈결로나마 다시 올라볼까,

# 팔색조

호오 잇 호오 잇!
어디선가 맑은 미성의
퉁소 소리가 들린다.

산 숲길
바람결에 묻혀오는
팔색조 울음소리
귀를 모두 어 비상을 꿈꾼다.

저 작고 빛 고운 새는
산야를 누비며
천상의 공하를 제 둥지인 양
날아오르는데

지상을 단단히 딛고 서 있는
이 땅 위에서
풀꽃 같은 시 한 수
후두 둑 날 듯이 깰 수 있을까.

# 구 시장 명태 집에서

구 시장 첫머리 생선가게
빼 당 빼 당한 젊은 쥔 여자
비린내 배인 비닐 앞치마를 두르고
꽁꽁 언 생명태 한 마리를
능숙하게 집어 들며
도마 앞을 갯바위처럼 오간다.
토닥토닥 탁탁
이골난 칼질에 도막 난 명태 조각
까만 비닐봉지에 담기고
덤으로 얹어준 바지락 미더덕에
단골손님은 만면에 미소다
동태 한 마리면
숭숭 썰어 넣은 무와 찰떡궁합
서민들 밥상에 시원한 속 풀이로
임금님 수라상 부럽지 않을
동한冬寒의 오붓한 성찬,
젊음을 헌사 한 바다 장화에
갯바람 들은 칼칼한 머리칼
파도처럼 쉰 그녀의 흥정 소리

소박한 인심이 물씬 나는
명태 집 앞에서
나는, 한 마리 명태가 된다.

# 낭狼과 패敗

그대가 머리가 되고 내가 꼬리가 되나
내가 머리가 되고 그대가 꼬리가 되나
머리와 꼬리로 부딪쳐야만 인식이 되는
낭狼과 패狽
꼬리가 꼬리인줄만 알고
머리가 머리인줄만 아는 우치가
반목과 원망의 대상이 된다.
머리가 머리인줄만 아는 꼬리가
머리가 되지 못하는 이유다.
머리가 꼬리보다 못한 소경도 있고
꼬리가 머리의 눈보다 밝은 꼬리가 있으니
그 세계도 미묘하고 시끄럽다.
머리는 꼬리의 소중함을
꼬리는 머리의 소중함을 인정할 때
눈 밝은 길을 지혜롭고 조화롭게
동행할 수 있으리라.
지혜와 우치의 관계에서 조화로운
세상을 동행 할 수 있으리라.

## 제우스의 달이 되다

오! 신이시여
부디 어둠에 가린 달을 보게 하소서
별 밭에 놀던 까마득한 기억들을
잠재우고 첨벙 밝음으로
영육을 던질 수 있다면
꽃으로 피어나지 못해도
오직 달을 향하여 화살을 당기리다.
불안한 과녁과 때론 제 심장에 박혀
붉은 달을 삼킨다 해도
몇 생을 거른 소낙비가 내린다 해도
해그림자에 연연한 업業을 등에 업고
밝은 사랑을 찾아 윤회하리니
오! 제우스의 신이시여!
이 땅의 모든 것은 무릇
한목숨처럼 사랑을 갈구 하나니
사랑으로 왔다가 사랑으로 갈무리하는
둥근달을 품고 싶어 하리니.

# 적정의 불꽃·2

예술의 나이는 없다.
세상에서 가장 오래된 보물일수록
목숨을 태워 남긴 흔적일수록
문화적 가치가 살아있다
영원을 살아 숨 쉬고 있다
세계에서 가장 오래된 탑
하남성의 숭앙사 숭앙사탑이나
세계에서 가장 오래된 5300년 된 미이라나
세상에서 제일 큰 알바트로스 새나
세상에서 제일 큰 꽃
인도의 라플레시아나
생물이나 무생물이나
오래된 역사의 흔적으로 남아 있는 것은
상징적 문화 가치로 남아있다
세기를 넘어 찬란히 빛나고 있다
지구상의 한 점 생명의 씨앗으로
한 생生을 살아가는 일은
한 백년 길고 긴 세월 같아도
번개처럼 지나가는 바람 앞에 촛불 같다

그 무엇을 가지고 그 무엇을 위해 살다가
그 무엇을 위해 흔적을 남기고 갈 것인가,

# 산하엽

무명의 옷을 훌훌 벗는 가.
이슬 같은 빗물에
백설의 흰 꽃잎이
유리처럼 투명해지는
해골 꽃 산하엽

고산 거센 바람끝
천상의 꽃으로 피어나
인욕의 육탈로
비를 맞으면 유리처럼
깨끗하고 해맑은

세상에서 단 하나뿐인
투명 꽃으로 변하는
해 색으로 갈아입는
해골 꽃 산하엽

제8부

# 실버타임

# 영 실버타임


영원한 소녀야,
평생 손에 물 마를 날 없이
살림하고 자녀들 건사하느라
쭈굴쭈굴한 목과 손등이지만
나이테를 두른 나무처럼
뻣뻣하고 과실처럼 달콤한
큰 사랑을 품고 있는 난
영원한 소녀야,

소녀들이 퀭한 눈망울로
일렬로 누워 있는 요양병원
선한 눈동자만 빛나고 있었어
한 생의 꿈 같던 젊음도
꽃길만 걸을 것 같던 고난의 세월도
자식들이 있어서 행복했어.
헌신의 희생을 생명처럼 살아 온

어머니들은 모두 소녀야,
순정한 사랑의 희생으로

새끼들을 품고 살았거든
머언 기억처럼 떠오르는
새색시 적 영감 곁으로 가는 길이
무예 서럽겠느냐고 순리대로
일렬로 누워서 아기가 되어 있었어

그렇게 누워서
자식들 손주들 보는 재미가
희망이고 위로이며
간호사가 엉덩이 두드리며
주사 잘 맞고 힘내라는 칭찬에
옆 소녀와 눈 맞춤 하며 밥 먹을 때
한마디 건네는 인사가 좋았어,

영원한 소녀들이여,
아가가 된 어르신들이여
어르신 유치원 다니다가
요양병원으로 직행해도
슬퍼하지 말고 울지도 말고

영원한 소녀로 행복하시라.
초점 없는 눈으로 선녀처럼 웃으며
세상천지 근심 없는 소녀로
거듭 나시라.

# 아가

사랑병원 3층 3호실에
아가들 여섯명이 누워서
침상 탁에 올려주는
저녁 야채죽을 들 시간이 되었다.
다진 고기반찬과 으깬 두부
작은 공기에 담은 야채죽을
네명의 아가들은
일어나 앉지도 못하고
맥없이 누워있고
두명의 아가들은 수저를 들고 있다.

치매와 알츠하이머를 앓고 있다는
노환의 아가들이 턱받침 앞치마를 입고
침상에 앉아 링거를 꽂은 한 손으로
밥을 먹는 모습이 아가를 닮아있다.
떠 먹여주지 않으면 밥 한 숟갈도
입에 넣지 못하는 아가,
밥인지, 떡인지, 똥인지
인지를 못 하는 아가,

"아가," "아가," 새끼들을 부르며
단 것 하나 제 입에 넣지 못하고
정성을 다해 키웠을 아가의 아가들도
어찌하지 못하는 가냘픈 몸짓과
걸음마를 잃어버린 아가들
노쇠의 퀭한 눈망울과
골 깊은 주름이 훈장처럼 패여 있다.

아가들의 종이 기저귀가
켜켜이 놓여있는 탁 위에
야쿠르트 몇 병과 바나나 몇 개
베지밀 박스가 하나씩 놓여있고
벽에 걸린 텔레비전이 유일한 낙이다

생과 사의 갈림길에서 구사일생으로
회생한 아가도 야채죽을 거뜬히 비우고
알츠하이머로 판독이 난 기억들을
모자이크 하고 있다.
"누가 내 간식을 다 갖다 먹어버렸다고."

오색 모자이크를
혼돈의 추상화로 채색하고 있다.
아가들의 아가들이 병실을 오가고
아가와 아가들이 만나는 시간 웃음꽃 핀다.

# 실버타임

그 해 겨울
작은 키에 휜 걸음
한 라인에 사는 실버가
공과금 지로 용지를 들고
바들바들 떨 듯 엘리베이터 안으로
불쑥 들어와서
왜 이렇게 많이 나왔데야.
가만있어 봐. 잉, 한번 따져 봐야것어.
혼자 쓰고 사는 디
물세 전기요금이 너무 많이 나왔다고
이건 분명히 잘못된 것이라고
이해 불가항력의 표정으로 야단법석이다

혼자 쓰고 살아도 기본요금이 있으니
그만큼 나온 건 당연한 요금이라고
지로 용지 요금 설명을 하며
공과금이 다 인상되고 물가가 상승하고
그 해 겨울에 유독 서민들과 중상공인들이
힘들었던 추운 겨울이어서

자식들은 타지에 살고
홀로 사는 독거노인들도
추위에 억지라도 부리고 싶었을게다.
사는 일은 의식주 해결되면
큰 욕심 없이 사는 게 좋다.
어제 공과금에 벌컥 뒤집힌 그녀가 오늘은
철쭉이 환하게 핀 분 하나 들여놓고 싶다고
빈 분을 들고 엘리베이터에서 탁 마주쳤다.

# 실버타임 · 2

농촌의 어버이들은
손수레를 끌고
기역자로 꺾인 허리로
손수레를 잘도 밀고 다닌다

힘에 부쳐도 힘이 미는 게 아니라
손수레를 평생 끌고 살아서
두발 달린 바퀴와 친해지고
끄는 요령도 생겨서이다

고향 동네 고샅에서 만나는
농촌 어버이들은
기계가 발달하고 밭을 갈고
모를 심고 수확을 해도

전답을 평생 오르내리며
손수레를 끌어야 씨뿌리고 가꾼
무 배추 고추랑 쟁여서 실고
두발로 잘도 다닌다.

자식들 품에 안겨줄 참깨 들깨
감자 옥수수 고구마
고소한 냄새가 폴폴 나는
피땀으로 일군 농산물이
손수레 갈 볕 사이로
싱싱한 색감으로 빛 광이 난다.

# 실버타임 · 3

해바라기를 떠 올려봐요
해를 닮은 해바라기가
활짝 웃고 있는
시원스런 노랑꽃을
마음것 떠 올려봐요

향일화라고 부르는
해바라기를 보면
웃음이 절로 터져나와요
시원시원 박장대소
큰 웃음이 터져 나와요

해바라기를 바라봐요
우리 다 같이 크게 웃어봐요
통쾌하고 짜릿하게 웃어봐요
내가 웃으면 네가 웃고
네가 웃으면 내가 웃어요

## 실버타임 · 4

늙으면 잠이 없어야,
삼경에 잠이 깨이면
하얀 창호 문살에
달빛 서려 앉은
따끈따끈한 황토
구들장 윗목에 앉아

어머닌 양말도 꿰매고
콩나물 잔뿌리 다듬고
마늘도 까고 콩도 개리고
달빛은 문살 사이로
환히 밝게 비추이고

말뚱말뚱 눈뜨고
어머니 바지런한
새벽을 동화처럼 바라보며
먼동이 트면
정지문 삐거덕 여는 소리
타다타닥 짚불 타던 소리

늙으면 잠이 없어야,
어머니의 새벽을 여는
청솔 타던 냄새가 나던 굴뚝 연기
가마솥에 대가족 고봉밥이
찰지게 익던 구수한 밥 냄새

평화롭고 정겹던 고향의
겨울엔 고추식혜 가래떡
무도라지 정과와 고구마엿
호박곶이 팥 떡으로
어머니의 겨울은 은혜의 온기였다.

## 실버타임 · 5

숲에 고요히 앉아
산 새 소리를 따라
두 눈을 감고 감상해봐요
자연 오케스트라를 듣는 듯
마음이 평온해져요
휘파람새 콩새 소리에

일상의 온갖 사념들을 쉬고
호르륵 호르륵 휘리릭 휘리릭
산새들의 밀어를 들으며
짙푸른 오솔길을 걸으며
길 섶 엉겅퀴 양지꽃이
다정하게 말을 걸어와요.

작은 황토 오솔길을 걸으며
푸른 나무숨과 흙숨으로
거친 호흡을 거르고
순환의 자연숨을 쉬며

세간사 일들은 다 내려놓고
유쾌하고 상쾌하게 웃어요.

## 실버타임 · 6

앞뜰에서
말복 입추가 지난 여름날
쓰르라미 말매미가
떼지어 합창을 한다

쓰르르르 쓰르르름
이탈한 고음과 저음이
추임새를 넣듯
끊이지 않고 울어댄다

성질 급한 매미는
짝을 찾아 허물을 벗고
성충알을 남기고
투명한 껍질만 나무 등걸에
음표처럼 매달아놨다

혼혈의 열창으로
짝을 찾아 구애를 하는
매미의 짧은 생

지하에서 칠년의 세월에
네 번의 변태를 거쳐

성충의 매미로
길어야 보름을 사는
자연의 여름 오케스트라
귀를 세워 매미의 구애
사랑을 위해 헌사를 올린다.

## 실버타임 · 7

백제 여인상이 굽어보는
달님 약수터에서
섣달 폭설 뒤
햇볕 따스한 날
유모차를 끌고 쉬엄쉬엄
달님 약숫물 받으러 온 노인이
참이슬 플라스틱 큰 병
서너개와 보배소주병 두 개
생수병 한 개를 풀어놓고
수도 꼭지를 옆으로 제키며
무표정으로 물을 받다가
자리를 비우며
병을 서너 개 옮겨주자
감사합니다. 라며
목엣말로 인사를 했다.
필순은 됨직한 유모차 힐머니
운거 하기도 벅차 보이고
음산한 겨울 날씨처럼
웃음을 잃은 표정없는

외로움과 고독이 짙게 배인
노후의 단면을 보는 것 같아
애잔한 마음이었다.
섣달이 지나고 봄이 오면
꽃처럼 환하게 활짝 웃는
편안한 봄이 되길 바래어본다.

## 실버타임 · 8

자태 좋은 어머니의
걸음걸이가 어느 날부터
안짱걸음처럼 휘었다.
등 허리 무릎 관절통으로
노모의 자태가 제멋대로
흐트러진 것이다.
훈장처럼 걸린 육신의 이탈
어머니를 볼 때마다
거친 손과 젊은 날의 초상이 겹쳐와
눈물이 나도록 애설펏다.
한평생 흙 향에 묻혀 헌신적 사랑으로
살다간 은혜로운 삶에 엎드려 절 올립니다.
맛난 것 좋은 것 다 자식들 먹이고 입히고
언제나 당신은 마지막 호신불처럼
자애로 일관하신 삶에 한 자루 촛불을 밝히고
간절히 기도합니다.
부디 그 먼 나라에서는 좋은 곳에 나시어
고우신 모습 그대로 평안하고 행복하소서.
당신의 서원하신 뜻대로 행복하소서.

# 뭉개라

수채화 수련에 덧칠을 한다.
채색을 하며
연방죽도 꽃도 잎도 자꾸만
불투명으로 덧칠을 한다

그 무엇을
뭉개버리고 싶은 게 있었나 보다.

떡가루가 되듯이 뭉개버리고 싶던
그 무엇을 정화하다가
덧칠을 하고 있는 수련

새로운 마음이
샘물처럼 솟지 않을 때에는
형체도 없이 뭉개 버리고
채색 종이를 찢어 버리자.

탁한 번뇌가

캔버스 하얀 종이에 물들지 않게
뭉개고 또 뭉개버리자.

## 거울을 보다

거울을 보다가
한 올 보이는 새치를
머리에 거울을 맞대고 훑어보다가
어머니가 생각이 났다.
가끔씩 흰머리를 뽑아달라고 주문을 하던
어머니의 정겨운 모습이 겹쳐와
고운 추억이 슬퍼질세라
얼른 딴청을 부려본다.

연갈색 머리카락이 명주실처럼 얇아
바람에 찰랑거리면
가는 손가락 사이로 날아갈 것 같은
여린 소녀 아이가
어느새 어머니의 까망 염색약을 발라주던
그 세월의 나이가 되어
잊은 듯 잊지 못한 그리움이 샘솟는다.

세월을 이길 장사가 없고
빛나던 청춘도 때가 되면 늙고

은恩정과 사랑도 영원한 것은 없으니
고운 추억과 행복했던 날들을
가슴 깊은 곳에서 하나씩 꺼내 보며
은발이 되어도 서글퍼 하지 말고
삶을 아름답게 연출하며 살 일이다.

# 헛 손짓

원피스 옆구리가 터져서
바늘귀를 꿰다가
몇 번이고 헛 손짓을 하며
그 옛날 어머니가
바늘귀를 꿰어 달라고 할 때
단번에 꿰어주던 바늘귀가
생각이 났다.

식구들의 옷을 기우고
구멍 난 양말을 꿰매시던
어머니 가신지 몇 해가 흐르고
이젠 여식이 고희의 나이가 되어
헛 손짓을 하며
문득 그리운 어머니를 생각합니다

인정 많고 바느질 솜씨 좋으시던
어머니 자식들 챙겨 주시느라
평생을 헌신하신 은혜
어머니의 향토 재래 장맛이

잊을 수 없는 향수로 남아
그 시절이 깊은 은혜로 살아 있습니다

몇 번을 헛 손짓하다가
바늘귀를 꿴 둔한 손놀림
설날에 색동저고리 치마
여름 원피스를 만들어 주던 추억이
새록새록 풀잎처럼 솟아납니다

자매들이 어머니 은혜로
우애하며 잘 살아가고 있으니
어머니, 까마득한 그곳
먼 정토의 나라에서는
부디 편안히 못다 한 꿈 이루시고
좋은 곳에 나시어
행복하시기를 기원드립니다.

# 화花 야 · 4

요양병원 3층
병실 문턱을 들어서자
그녀는 무엇인가를
찬찬히 보고 있었다

주먹만한 손거울을 들고
이리저리 살펴보고
거울을 들고 맞이하며
활짝 웃으며 바라보았다

화花 야 한 송이 꽃이였다.
한 송이 화花 야가 웃고 있었다
한평생 희로애락이 골 깊게
새겨진 주름도 꽃대였다 .

활짝 웃어야 꽃이 되는
학안의 꽃몽우리를 피우는
병고의 늪을 업경대로 비추이듯
화花 야로 건너는 자애의 미소였다

# 가을 장미

아침 이슬을 품고 있는
붉은 장미 한 송이가
마른 장미 가지에
마지막 사랑처럼 피어 있다

꽃이 다 시들은
마른 장미 가지에
한 송이 붉은 장미가
못다한 사랑을 위해
연서를 쓴다

가을 장미 2

가을비 내리는 나무숲에
빗물 머금은
사랑한다. 사랑을했다.
빨강 눈물로
시선을 사로잡네.

가을 장미 3

버려진 꽃처럼 검붉은
가시가 성성한 가지에
종잇장 같은 장미가
헤성하게 매달려 있고

피멍처럼 붉은
한 송이 생화가
눈부신 가을 햇살에
마지막 생명처럼 피어있다

가을 장미 4

내 생에
제일 사랑했을 나에게
가을 장미
한 송이 바칩니다.

# 사랑과 미움

사랑해 미안해
진실한 한마디면 될 것을
그 한마디 말(言)에 걸려
사람을 알고 사람을 잃고
사람을 찾으며 우린 평생을
해매이면서 산다.

사랑한다는 말(言) 뒤엔
미워한다는 말(言)이
숨어 있음을 잊지 마라.

미워한다는 말(言) 뒤엔
사랑하고 있다는 말들이
숨어 있음을 잊지 마라.

사랑과 미움이 함께라는 것을
깨우치고 나면
사랑과 미움에도
초연할 수 있으리라.

# 슈퍼문



밤하늘
동그라미 속에
세모나고 네모 난
마음이 동요되어
절로 스며드네.

달 따라
달과 함께 걸으니
달을 품고 뒤돌아 오니
세상사 동글동글해지네.

**박혜숙 시집**
# 화花 야

**인쇄** 2025년 8월 07일
**발행** 2025년 8월 11일

**지은이** 박혜숙
**발행인** 서정환
**펴낸곳** 신아출판사
**주소** 전북 전주시 완산구 공북 1길 16(태평동 251-30)
**전화** (063) 275-4000
**팩스** (063) 274-3131
**이메일** sina321@hanmail.net
**출판등록** 제465-1984-000004호
**인쇄·제본** 신아문예사

저작권자 ⓒ 2025, 박혜숙
이 책의 저작권은 저자에게 있습니다. 서면에 의한 저자의 허락없이 내용의 일부를 인용하거나 발췌하는 것을 금합니다.
COPYRIGHT ⓒ 2025, by Park Hyesuk
All rights reserved including the rights of reproduction in whole or in part in any form.

저자와 협의, 인지는 생략합니다.
잘못된 책은 바꿔 드립니다.

**ISBN** 979-11-94595-89-2   03810
값 15,000원

Printed in KOREA

이 책은 전북특별자치도 문화관광재단 창작지원금으로 출간하였습니다.